Zhongguo Wenhua
Zhishi Duben

中国文化知识读本

胡同

主编 金开诚

编著 魏永康

吉林出版集团有限责任公司
吉林文史出版社

图书在版编目（CIP）数据

胡同 / 李明望编著. —— 长春 ：
吉林出版集团有限责任公司 ：吉林文史出版社，2009.12 （2023.4重印）
（中国文化知识读本）
ISBN 978-7-5463-1701-4

Ⅰ．①胡… Ⅱ．①李… Ⅲ．①城市道路－简介－中国
Ⅳ．①K928.5

中国版本图书馆CIP数据核字(2009)第236869号

胡同

HUTONG

主编/ 金开诚 编著/李明望
项目负责/崔博华 责任编辑/曹 恒 崔博华
责任校对/袁一鸣 装帧设计/曹 恒
出版发行/吉林出版集团有限责任公司 吉林文史出版社
地址/长春市福祉大路5788号 邮编/130000
印刷/天津市天玺印务有限公司
版次/2009年12月第1版 印次/2023年4月第5次印刷
开本/660mm×915mm 1/16
印张/8 字数/30千
书号/ISBN 978-7-5463-1701-4
定价/34.80元

前　言

　　文化是一种社会现象，是人类物质文明和精神文明有机融合的产物；同时又是一种历史现象，是社会的历史沉积。当今世界，随着经济全球化进程的加快，人们也越来越重视本民族的文化。我们只有加强对本民族文化的继承和创新，才能更好地弘扬民族精神，增强民族凝聚力。历史经验告诉我们，任何一个民族要想屹立于世界民族之林，必须具有自尊、自信、自强的民族意识。文化是维系一个民族生存和发展的强大动力。一个民族的存在依赖文化，文化的解体就是一个民族的消亡。

　　随着我国综合国力的日益强大，广大民众对重塑民族自尊心和自豪感的愿望日益迫切。作为民族大家庭中的一员，将源远流长、博大精深的中国文化继承并传播给广大群众，特别是青年一代，是我们出版人义不容辞的责任。

　　本套丛书是由吉林文史出版社和吉林出版集团有限责任公司组织国内知名专家学者编写的一套旨在传播中华五千年优秀传统文化，提高全民文化修养的大型知识读本。该书在深入挖掘和整理中华优秀传统文化成果的同时，结合社会发展，注入了时代精神。书中优美生动的文字、简明通俗的语言、图文并茂的形式，把中国文化中的物态文化、制度文化、行为文化、精神文化等知识要点全面展示给读者。点点滴滴的文化知识仿佛颗颗繁星，组成了灿烂辉煌的中国文化的天穹。

　　希望本书能为弘扬中华五千年优秀传统文化、增强各民族团结、构建社会主义和谐社会尽一份绵薄之力，也坚信我们的中华民族一定能够早日实现伟大复兴！

目录

一、同的历史变迁

老北京的生活气息充斥着胡同的每个角落

"胡同"之称由来已久，据专家考证，胡同二字意指"水井"。当年，有水井的地方为居民聚集之地。因此，胡同的本意应为居民聚集之地。还有一种说法：胡同最早起源于元朝，在蒙古语中是"小街巷"的意思。每个城市都有众多的小巷，不同城市对小巷有不同的称呼。北京的小巷叫"胡同"，像血管一样维系着北京人的生活。"有名胡同三百六，无名胡同赛牛毛"，这句流传甚广的俗话反映了北京曾经胡同密布的情形。这些破旧然而历史悠久、普通却又含蕴丰富的胡同每天上演着北京人的普通生活，更记载着千年古都的历史演变。

北京的胡同大多形成于 13 世纪，到现在已经经过了几百年的演变发展。在北京，胡同被称为城市的血脉，北京胡同历经了数百年的风雨苍桑，它是老北京人生活的象征，是北京古老文化的体现，现今国家非常重视北京胡同的文化发展，北京旅游局在一些保护较好的胡同中，开辟出了游览专线，旅游者可乘坐旧式三轮车游览胡同，还可到住在胡同里的百姓家做客，北京的胡同文化就这样传播到了全世界。

北京胡同名称从元朝开始形成，一直

北京城内的老胡同历经百年沧桑，墙垣已斑驳

胡同的历史变迁

都只是靠人们口头相传，至于用文字写在标牌上挂在胡同口上，是到民国后才有的。在明代就多达几千条，其中内城有900多条，外城300多条。清代发展到1800多条，民国时有1900多条，新中国成立初统计有2550多条。

明清时期主要的交通方式以马车、轿子为主，所以胡同一般不是很宽，随着经济和城市建设的发展，很难满足现有的交通出行方式，所以也拆迁改造了一些，来到北京的游客，经常问到的一个问题就是"北京的胡同在哪里？"北京胡同最多时有6000多条，历史最早的是朝阳门内大街和东四之间的一

胡同一般不是很宽

胡同

片胡同，规划相当整齐，胡同与胡同之间的距离大致相同。南北走向的一般为街，相对较宽，如从北京火车站到朝阳门内大街的南小街和北小街，因过去以走马车为主，所以也叫马路。东西走向的一般为胡同，相对较窄，以走人为主，胡同两边一般都是四合院。

胡同与四合院的完美组合，体现出元朝统治者在城市建设与管理方面的高明之处。胡同横平竖直，四合院错落有致，怎么看都像是军事化管理的结果。有了胡同的分割与疏通，北京城便成了一座由游牧民族安营扎寨的大军营。难怪著名作家汪

参天的大树庇佑着在胡同内生活的人家

胡同的历史变迁

胡同两侧的民居

胡同

曾祺在散文《胡同文化》中赞叹道："北京城像一块大豆腐，四方四正。城里有大街，有胡同。大街、胡同都是正南正北，正东正西。"北京人的方位意识极强，方位感强，恐怕也是蒙古人的遗传，他们在一望无际的大草原上游牧时，一般都要根据日出日落来辨认方向，才不至于迷路。

北京人是讲究走路的。因为老北京城无论大街小巷，多是横平竖直，所以北京人走路无法取巧，无论选择什么都是拐硬

胡同已成为老北京人生活的象征

胡同内充满浓郁的生活气息

弯儿，比较一下也还是一样长短。即使是这样，北京人走路依然是有选择的。走大街，干净倒是干净，就是乱，搅和得你不得安生。穿胡同，鞋子容易吃土，但似乎更安全，你不愿意见的人或事儿，多绕一下也就"躲过去"了。北京的胡同不仅是城市的脉络、交通的要道，而且是北京普通老百姓生活的场所，是京城历史文化发展演化的重要舞台。它记载了历史的变迁、时代的风貌，并蕴涵着浓郁的文化气息。

二、胡同的建筑

胡同记载了历史的
变迁，时代的风貌

　　北京的胡同星罗棋布，每条胡同都有一段掌故或传说。北京的胡同，绝大多数都是正东正西，正南正北，横竖笔直的走向，从而构成了十分方正的北京城，也表明了北京这座古城是经过精心规划，依照棋盘形的蓝图建筑的。又由于住宅是坐北朝南的四合院，相互排比而组成胡同，所以东西向的胡同多，南北向的胡同少。而这种规划正是吸取历代帝都的建造经验，体现了我国历代建造城市的传统特色。

　　从地理位置上划分，前门以北的胡同一般较宽，规划比较整齐，前门以南的胡同一般较窄，规划也不整齐。因为在清代时，清政府为了安全，不允许外地来京人员住在京城内，所以外地人集中住在前门和崇文门外，也因此形成了前门商业区，在外来人员中许多是来京赶考的举人，因此形成了琉璃厂文化街，天桥地区有许多娱乐场所，北京的剧院也都集中在南城。北京城内老百姓集中活动的场所在什刹海一带。

北京的胡同里有很多有特色的建筑，它反映了在各个时期里的不同事件和风格，形成了特有的胡同建筑文化。胡同里的建筑几乎都是四合院，四合院是一种由东西南北四座房屋以四四方方的对称形式

雪后的胡同别有一番情趣

胡同的建筑

围在一起的建筑物。正规的四合院都是坐北朝南，由北房、南房、东西厢房四面围合而成，并由此而得名。北房称"正房"，南房又称"倒座儿"。大门位于宅院的东南角上，各房之间用卡子墙相连，从而形成封闭式院落。 四合院中的房屋是按宗法礼教制度的要求设置的。封建制度的家族常常是几世同堂，又有男女仆婢，这就要求长幼有别、上下有别、内外有别。全住在同样的房子里自然不成，散居各处又不便管理，只有全封闭式的"四合院"能够满足这些要求。于是，这种主仆分明，既有分割，又便于管理的建筑形

胡同不仅是城市的脉络，更是普通老百姓生活不可或缺的部分

胡同

老北京四合院

式就成了居民乃至官室、王府建筑的传统布局，北京四合院虽为居住建筑，却蕴涵着深刻的文化内涵，是中华传统文化的载体。

四合院的装修、雕饰、彩绘处处体现着民俗民风和传统文化，表现了人们对幸福、美好、富裕、吉祥的追求。门楼、牌匾、门楣、花窗、雕墙等部位的镂刻书画内容，把传统艺术文化直接形象地在四合院中表述出来。装饰物在四合院建筑中起到了画龙点睛的作用，反映出人们对人生的祈求、向往和对生活的热爱之情，是幸福、长寿、富贵、志向的化身。整个四合院显示出智

四合院的大门门楼，
有着花纹繁复而精美
的木雕和砖雕

慧、朴素和民风习俗的美，北京四合院历经了近千年的风雨苍桑，它是北京文化的象征更是人类文明的象征。

今天，北京的街巷里，还保存着十余处王府，大都是清代建筑，包括五间三启门和三间一启门两种规格的府门。现在胡同里留下的多是亲王、郡王的府邸，多为坐北朝南，门前有大石狮一对，并配有上下马石、拴马桩和照壁。保存完好的五间三启门王府，如：后海北岸的清醇王府，前海西路北恭王府，安定门内方家胡同的循郡王府，张自忠路的和敬公主府。明清时期的官宦之家多为广亮

四合院雕刻精美的门楼

大门，门楼高大，门头及窗檐上装饰着精美的砖雕图案，显示着主人的身份。文官雕刻为多宝阁、大象等图案或梅、兰、竹、菊、松等图案；武官雕刻狮子、海马等图案，有宽阔的大门洞，并设有木制懒凳一对。门楼下有七或九级石台阶，是宅主人品位的标志，门前很宽敞，放置着一对上马石，门楼右边的倒座儿墙上装配着三四个石圈，内有大铁环，名为拴马桩。

在北京胡同里，数量最多的是如意门，其建筑造型独具特色，门框两侧砌砖墙，门楣与两侧砖角交接处砌成如意状的砖

四合院门前的石墩

饰，表示"吉祥如意"，故称如意门，又有大如意门、小如意门之分，门楼造型优美，砌工考究，门头栏板和敞檐上面雕刻砖雕图案，门簪上有木雕花卉或文字图案。四合院大门门槛两旁的石墩，建筑学上称为问枕石，它既起门楼的造型装饰作用，又使门框得以加固。年代久远的多为鼓形，称为"抱鼓石"，民间也有称其为"鼓抱石"的，这样的称呼更有其形象性，古老的抱鼓石上部雕有龙头或卧狮，下部的正面和侧面雕有内容丰富的图案，如：蝙蝠叼古钱画面，谐音"福在眼前"；狮子滚绣球图案，表示主人的武官身份。

三、胡同文化

文化，是个复合的整体，包含知识、信仰、艺术、道德、法律、习俗和个人作为社会成员所必需的其他能力和习惯。简单地说，文化是人们生活意识、习惯、观念等的集合。说起文化，许多人可能觉得高深莫测，探讨文化问题，必定是学者专家的"专利"。而说起胡同文化，可以说是北京的特色文化之一。老北京城是由胡同组成的，紫禁城和皇家园林只是北京大面儿上的东西，北京的精髓其实是在胡同里。北京的胡同方方正正、胡同内的四合院规规矩矩，胡同、四合院影响了北京人的生活，反过来也可以说北京人

胡同文化透过一个个细节
体现出来

胡同

的文化造就了胡同和四合院。

胡同文化的内涵是什么呢？汪曾祺曾在《胡同文化》有如下概括："胡同文化是一种封闭的文化""北京人易于满足，他们对生活的物质要求不高""北京人爱瞧热闹，但是不爱管闲事""北京胡同文化的精义是'忍'，安分守己，逆来顺受"等等。可以说胡同文化也是良莠不齐，应该有弘扬，也应该有抛弃。

胡同文化，并不是仅局限于住在胡同内四合院里的人。北京这些年发展很快，很多胡同、四合院消失了，许多人搬进高楼大厦，住上宽敞的公寓，甚至拥有私家别墅，但是胡同文化的传承仍表现在他们的身上。富裕的现代生活，并没有隔绝他们和胡同文化千丝万缕的精神联系，胡同文化的根，仍然深植在这些人的心中。

胡同是没落了，失去根源的胡同文化也将没落，不过胡同文化的没落不等于物质的消失。胡同文化会转移、分解、传承到新的载体上。在迈向现代文明的旅程中，既要创造新的文化，也要继承优秀的传统文化，

北京许多胡同还富有历史意义。作为

胡同内的自行车静静地靠在墙上

胡同文化

狭长的胡同

元、明、清三代帝都的北京，如司礼监胡同、恭俭胡同、织染局胡同、酒醋局胡同、钟鼓司胡同、惜薪司胡同、蜡库胡同、瓷器库胡同等等，都是历代内府太监的监、局、司、库，各衙门所在地，显示了当时皇城的范围。从前众多的衙署也遗留下不少胡同地名，如东厂胡同是明代有名的锦衣卫所在地，是太监残害忠良的地方。南、北太常胡同，是以太常寺而取名。贡院胡同，为明清的考场。手艺好的手工业者、买卖公道的商贩，也因居所被人叫熟，慢慢形成了胡同。如刘兰塑胡同、磨刀儿胡同、粉房刘胡同、豆腐陈胡同、沙锅刘胡同等。甚至一般老百姓名字也成了胡同的名称，如王老胡同、石老娘胡同、宋姑娘胡同，等等。据说这类以贫贱者命名的胡同大大超过以权贵者命名的胡同，这是北京胡同名称值得称道的地方。

北京胡同历经了数百年的风雨苍桑，它是老北京人生活的象征，是北京古老文化的体现，现如今国家非常重视北京胡同的文化发展，北京旅游局在一些保护较好的胡同中，开辟出了游览专线，旅游者可乘坐旧式三轮车游览胡同，还可到住在胡同里的百姓家做客。北京的胡同文化就这样传播到了全世界。

北京古老破旧的大杂院正逐
渐被现代化的楼房所取代

　　目前，北京古老破旧的大杂院正被现
代化的楼房所取代，旧胡同也将失去它赖
以存在的基础。不过，为保持北京的古都
风貌，许多著名的胡同已被当做文物保留
下来了，它为我们新兴的首都保存了一丝
古老的色彩。现在，北京胡同文化发展已
经开发出了一项旅游新项目——串胡同，
来自四面八方的外国朋友乘坐北京古老的
交通工具人力三轮车，经什刹海西沿，过
银锭桥到鼓楼，登楼俯看北京旧城区和四
通八达的胡同，然后前往后海地区，参观
京城古老的南北官房胡同、大小金狮胡同、
前后井胡同，走进普通的四合院，和北京

要了解胡同文化，就去胡同里
的百姓家走走

人聊一聊，了解普通北京人的生活，最后沿
柳荫街到有"红楼大观园"之称的恭王府，
体验旧时王公贵族的居住环境和御花园。

胡同

四、胡同人物

北京胡同里的名人故居备受推崇，随着时间的推移，"故居"的价值与日俱增。北京胡同里的故居，住有伟人、著名文学家、永载史册的艺术家、闻名世界的运动员、享誉中外的历史人物，还有皇帝、国家元首等，北京胡同正是因为有各类不同人物的故居，才组成了完整的居住群，才孕育出胡同的历史。

北京砖塔胡同

（一）砖塔胡同 95 号——张恨水写完最后的岁月

张恨水原名张心远，安徽潜山岭头乡黄岭村人。生于江西广信的一个小官吏家庭，1949 年任中央文史馆馆员。1917 年开始发表作品。北京解放不久，张恨水突发脑溢血而偏瘫，这时，周总理派人来了，了解了他的困难，他被聘为文化部顾问，有了一份固定工资，生活有了基本保证。为节约开支，他卖掉了赵登禹路的大四合院，搬进了砖塔胡同 95 号这座小院。后来周总理又指示有关部门安排张恨水任中央文史馆馆员，彭真市长也指示北京市文化局给他提供生活补贴，张恨水的生活有了可靠的保证。张恨水的新家虽不能与原

胡同里的猫

砖塔胡同是北京历史最悠久的胡同之一

宅相比，但却收拾得干净利落，种了许多花，小院里洋溢着社会的安详与家庭的温馨。

1953 年后，张恨水又恢复了写作，他对解放后的新生活不熟悉，于是便投入对民间文学的挖掘与整理，写出了《梁山伯与祝英台》《白蛇传》《孟姜女》《孔雀东南飞》《凤求凰》等一批群众喜闻乐见的作品。

1967 年 2 月 15 日晨，72 岁的张恨水在砖塔胡同小院内平静地逝去。

（二）大院胡同 9 号——郭沫若的另一处故居

郭沫若故居在前海西沿 18 号，现已辟为郭沫若纪念馆，这是人所共知的，但他是

1963 年 11 月才迁到前海西沿的，在此之前他住在大院胡同 9 号。

大院胡同 9 号是清朝的多罗贝勒府，建国后不久，郭沫若即被安排住在这里。住在大院胡同 9 号时，是郭沫若意气风发、最有作为的年代，他先后任政务院副总理兼文化教育委员会主任、中国科学院院长兼历史研究所所长、中国科学技术大学校长、中国文学艺术联合会主席、中国人民保卫世界和平委员会主席等等，对我国的教育、科技、文化、艺术等许多方面的发展都有突出贡献，他也是对外交往中的活跃人物。在繁忙的政务活动之余，他还写

郭沫若故居

豆腐池胡同杨昌济故居

出了《蔡文姬》《武则天》等名剧和大量热情洋溢的诗歌。现在的大院胡同9号是某机关宿舍，院内收拾得干净整齐，但原院门已被封死，院内的三层楼房也是后建的，原格局已不复存在。

（三）豆腐池胡同与杨昌济、毛泽东

杨昌济的故居在钟楼后面的豆腐池胡同。这是一条被大槐树所遮盖的古老的住宅区。附近有座以铸钟传说而出名的铸钟娘娘庙。在胡同的中段有一棵很显眼的大槐树。槐树下有一个小四合院，那里就是杨昌济故居，他与女儿杨开慧就住在这里。毛泽东曾

后海宋庆龄故居

在一进门左手的那一间寄居过。如今，房屋结构是过去的老样子。

（四）宋庆龄故居

在德胜门附近的后海那里，有一片被高高的院墙围起来的房子，这就是宋庆龄的故居。宋庆龄自1963年开始，直至

小杨家胡同是老舍先生的出生地

1981年5月29日逝世时止，一直住在这里。现在是宋庆龄纪念馆，对外开放。一进入大红门，便可透过郁郁葱葱的树木看到中西合璧的豪华建筑。这里曾是清朝的最后一个皇帝溥仪的父亲醇亲王载沣的王府，也是溥仪的出生地。

（五）小羊圈胡同与老舍

老舍生于1899年，是北京贫穷的满族旗人，排行老二。2岁时，在紫禁城当警卫兵的父亲死于义和团之乱，在一贫如洗的家庭中，由母亲一手将他抚养成人。老舍住在胡同的后巷，在这里他体验到人生的许多滋味，在他诸多不朽的作品中，都有胡同的影子。

后圆恩寺胡同里
的茅盾故居

老舍出生的小杨家胡同就是老舍先生在《四世同堂》里描写的小羊圈胡同，老舍就出生在这条胡同的 8 号，并度过了童年。8 号的院子已经拆过重建，院里的老枣树倒还是原先老舍家的。

（六）后圆恩寺胡同与茅盾

茅盾最初的家是东城区东四头条胡同。过去在北京数得上的一条繁华大街隆福寺街，往东去就是东四的十字路口，在深巷里有茅盾的家。遗憾的是，1980 年左右此处已经改建，1974 年 11 月茅盾搬到了东城区后圆恩寺胡同 13 号。

（七）丞相胡同与严嵩

宣武门外有一条叫丞相胡同的横街，即因严嵩曾在此居住而得名。此外，在旁边的南半截胡同还有着王公贵族所不及的称作"七间楼"的巨大宅邸。

名人故居索引表

名人：

居住地点：

艾青

东四十三条 97 号（东城区）

冰心

中剪子巷 33 号（东城区）

蔡锷

北棉花胡同 66 号（西城区）

钱粮胡同（东城区）

蔡元培

南半截胡同 7 号（宣武区）

东堂子胡同 75 号（东城区）

南半截胡同里的蔡元培故居

城防街 45 号

曹汝霖

前赵家楼胡同（东城区）

曹梦君

辟才胡同（西城区）

曹雪芹

后圆恩寺胡同 7 号
蒋介石行辕内

广渠门内大街 207 号

查礼

烂漫胡同（宣武区）

陈德霖

百顺胡同 55 号（宣武区）

陈独秀

箭杆胡同 9 号（东城区）

陈圭

西四北六条（西城区）

陈墨香

烂漫胡同（宣武区）

陈亚南

方家胡同 27 号（东城区）

陈毅

箭杆胡同内的陈独秀故居

前永康胡同9号（东城区）　　　　　　　　　　　胡同内造型别致的建筑

大白玉霜

天桥胡同（宣武区）

董希文

西总布胡同74号（东城区）

大雅宝胡同5号（东城区）

多尔衮

缎裤胡同（东城区）

凤仙

东棉花胡同15号（东城区）

福康安

东四二条（东城区）

傅良

什锦花园胡同（东城区）

胡同内的三轮车是老北京的特色

聂耳

宣外珠朝街胡同南会馆（宣武区）

上斜街（宣武区）

烂漫胡同（宣武区）

郭沫若

前海西街 18 号（西城区）

大院胡同（西城区）

郭守敬

西城区后海 46 号（西城区）

韩元少

韩家胡同（宣武区）

洪源

香厂子胡同（海淀区）

蒋兆和

竹竿胡同（东城区）

靳云鹏

棉花胡同 39 号（东城区）

纪晓岚

珠市口西大街 241 号（宣武区）

康有为

韶九胡同 23 号（东城区）

校尉胡同（东城区）

老舍

小羊圈胡同（西城区）

丰盛胡同 19 号（西城区）

丰富胡同 19 号（东城区）

李敖

东城内务府街甲 44 号

笔直的道路两侧矗立着
整齐的建筑

胡同民居里的孩子

梁启超

北沟沿胡同 23 号（东城区）

林则徐

贾家胡同（宣武区）

刘少奇

南四眼井胡同 2 号（西城区）

刘墉

礼士胡同 43 号（东城区）

茅盾

交道口后恩寺 13 号

五、胡同命名

雪后的胡同盼望着春天的到来

　　山有山名，河有河名，人也有人名，每一样事物都有一个固定的代号，胡同自然也不能例外。人们对胡同的最初命名，是根据其某一方面的特征，经过流传，最终被大家所接受并确定下来的。而这个名称一旦被人们接受，就确确实实地代表了这条胡同在整个城市中的方位，成为人们通信、探访、交往活动中不可缺少的标志，同时也是区别它与其他胡同的依据。

　　北京胡同的名称由来也是五花八门、包罗万象，既有江（大江胡同）河（河泊厂胡同）湖（团结湖）海（海滨胡同）、山（图样山胡同）川（川店胡同）日（日升胡同）

牌匾体现着古宅主人的持家之道

月（月光胡同）、人物（张自忠路）姓氏（贾家胡同）、官府（帅府胡同）衙署（大兴县胡同）、寺（柏林寺胡同）庙（娘娘庙胡同）庵（观音庵胡同）堂（老君堂胡同），又有市场（菜市口）、商品（银碗胡同）、第宅（赵府胡同）仓库（海运仓胡同）、工厂（打磨厂街）、地形（高坡胡同）、标志（麒麟碑胡同）、花（花枝胡同）草（草园胡同）鱼（金鱼胡同）虫（养蜂夹道），还有云（云居胡同）、雨（雨儿胡同）、星（大星胡同）、空（空厂）、水（水道子胡同）、井（井儿胡同）、港（港沟）、湾（湾子）、风（风发胡同）、雷（雷震口）、电（电报局街）、火（火药局胡同）、树木（枣树胡同）瓜果（果子胡同）、鸡（鸡爪胡同）鸭（鸭

整洁的胡同街道

胡同

子店）鱼（鲜鱼口）肉（肉市街）等等。

　　老北京的地名很生活化，不像其他城市的胡同街道，总喜欢用城市名称来命名——比如"南京路""广州路"什么的。北京的"扁担胡同"有11条，"井儿胡同"有10条。既然人们开门就有七件事，所以北京也就有了柴棒胡同、米市胡同、油坊胡同、盐店胡同、酱坊胡同、醋章胡同和茶儿胡同；既然人在生活中经常要接触金、银、铜、铁、锡这五种金属，于是就又有了金丝胡同、银丝胡同、铜铁厂胡同、铁门胡同和锡拉胡同，走在这类名字的胡同里，人觉得踏实。

　　中国是历史悠久的文明古国，历来崇

旧鼓楼大街西侧的
双寺胡同

尚高水平的道德伦常，净化人民的心灵境界，在不少北京胡同名称中，体现了这种精神。先辈教导我们：要精忠报国，有精忠巷；要忠诚老实，有诚实胡同、忠实巷、忠厚里、忠信巷、忠恕里；要忠于职守，有敬业里、敬胜胡同；要恭敬勤俭，有恭俭胡同、勤劳胡同、扬俭胡同、尚勤胡同、勤俭胡同、惜薪胡同；要自强不息，有自强里、富强胡同；要礼贤下士，有礼士胡同、敬贤胡同；要做人仁义，有居仁里、义善里、义达里、仁合里、信善里、信义大院；要树立新德新风的，有新德街、新风街、新革路、新进庄、新潮胡同、育德胡同、智德胡同、德源胡同；要清正廉洁,有养廉胡同、廉让胡同。其他如弘善胡同、群力胡同、众益胡同、思源胡同、孝顺胡同、教子胡同、育新街、言志胡同、刚毅胡同、建功里、自新路、共进里、康乐里、和平里、复兴路、光明里、永泰胡同、惜阴胡同、博学胡同、参政胡同、荣盛胡同、荣兴胡同等等，其名称都与我们提倡与弘扬的优良道德，每个人都应具备的品格情操直接相关，它将会潜移默化地对人们的道德修养起到正面诱导作用。

北京的胡同大多直来直去，但也有弯

曲迂徊的，北京新桥附近有个九道湾胡同，共有二十多个弯。北京的胡同宽窄不一，宽的敞亮，窄的幽深。最窄的胡同是前门外大栅栏地区的钱市胡同，最窄处仅40厘米，仅能容一个身材"苗条"的人通过。在众多的胡同中，年代最久远的就算三庙街胡同了，三庙街的历史可以追溯到900多年前的辽代，当时叫"檀州街"，北京城经过了几百年的变迁，可三庙街胡同始终保持着900年前的姿态，静静地候在北京的一角，看着北京人一代代繁衍，观着北京城一步步的演变，这个数百岁的"老人"就是新、老北京的见证。

辛勤胡同一景

胡同命名

（一）胡同命名的方式主要有以下几种形式：

1. 以形象标志来命名

许多胡同都是以一个较明显的形象标志来命名的，这也表现出北京人的实在、直爽和风趣。其中有以形状命名的胡同：较宽的胡同，人们顺嘴就叫成了"宽街儿"、窄的就叫"夹道儿"、斜的就叫"斜街"、曲折的叫"八道弯儿"、低洼的有"下洼子"、细长的叫"竹杆儿"、扁长的称"扁担"、一头细一头粗的叫"小喇叭"，像旱烟袋的就叫烟袋斜街。其他像特别窄的叫耳朵眼胡同，极其窄的叫针尖胡同，还有什么罗圈儿胡同、椅子圈儿胡同等等，胡同的名称反映出胡同

破损了的方家胡同门牌

大同胡同一角

与人们日常生活之间的密切关系。还有以特殊标志命名的胡同，如：堂子胡同、石虎胡同、柏树胡同、铁狮胡同等。

2. 以地形特色、景物命名

如金鱼池、龙须沟、北河沿等，又如崇文区的三里河大街，是以明代开凿于此的三里河命名的；广安门外元代以前有莲花水域，因而留下了莲花池胡同、莲花池东路、莲花池西里等地名；什刹海一带的银锭桥，风景优美；燕京八景之一的"银锭观山"即是这里现在尚存的银锭桥胡同，是直接由银锭桥命名的。

胡同内人们的日常生活平凡而富有趣味

3. 以建筑或遗址命名

如东城区交道口的府学胡同，因明清两代的顺天府学坐落在其中而得名，建国门内有贡院头条、二条胡同，是因明清两代的贡院设在此地而得名，其他如黄寺大街、东厂胡同、禄米仓胡同、西什库胡同、国子监街等都属于此类。

4. 以商业故地和商业名称命名

崇文的花市地区，自清代中期便有人家以种植、制作并销售真假花为业，现在留下的西花市大街、东花市大街、花市上头条、花市下头条等街巷胡同，都与花市有关；东四以南的灯市口大街，从明朝起就是有名的灯市，因此留下了灯市口这个地名；宣武门外的菜市口，曾是蔬菜交易市场；西城区有条斜街，名为烟袋斜街，这条街上，从清代至民国，直至解放，有许多商店卖烟袋，还在店门前悬挂一根大木制烟袋为幌子，这样就自然地定名为烟袋斜街。其他如晓市大院、牛街、珠宝市、果子巷、干面胡同、钱粮胡同、磁器口等，皆属此类。

5. 以地名命名

早年间，最显眼、最突出的标志要数城门、庙宇、牌楼、栅栏、水井、河流、桥梁厂，所以就出现了以此命名的西直门内、外大街，前后圆恩寺胡同，东四（牌楼），西单（牌楼），大栅栏，水井胡同，三里河，

前圆恩寺胡同 3 号

胡同命名

柳树胡同

银锭桥胡同等胡同名称。

6. 以树木植物命名

有的小胡同附近没有特别显眼的标志，但是胡同里种的树多，于是就有了"柳树胡同""枣林胡同""椿树胡同"等以树命名的胡同。

7. 以方位命名

许多胡同在起名时为了好找，还在胡同名称前加上了东、西、南、北、前、后、中等方位词，如：东坛根胡同、西红门胡同、南月牙儿胡同、北半壁胡同、前百户胡同、后泥洼胡同、中帽胡同等。

8. 以人物姓氏命名

东城文丞相胡同以南宋丞相文天祥姓氏命名；西城李阁老胡同，是因为明代文渊阁大学士李东阳曾住在这里；西城祖家街，因为这里是明末战将祖大寿宅院所在地；其他如张自忠路、赵登禹路、石附马大街、张皇亲胡同、方家胡同、史家胡同、蔡家胡同、蒋家胡同等等，皆属此类。

9. 以北京的土语命名

因为胡同名称是住在胡同里的北京人自发起的，所以有不少北京的土语在里边，如：背阴儿胡同、取灯儿胡同、闷葫芦罐儿胡同、笤帚胡同、胰子胡同、嘎嘎胡同等。另外还有不少胡同带有"儿"音，更显得"京味儿"十足，如：罗儿胡同、鸦儿胡同、雨儿胡同、上儿胡同、帽儿胡同、盆儿胡同、井儿胡同等。

街牌

老北京胡同

10. 以吉祥话命名

有些胡同名称还能表露出人们的美好愿望，人们总乐意用一些吉利的字来给胡同起名。像带有什么"喜"啊、"福"啊、"寿"啊等字眼的胡同就有喜庆胡同、喜鹊胡同、福顺胡同、福盛胡同、寿长胡同、寿逾百胡同等等。还有带着"平""安""吉""祥"等字眼的平安胡同、安福胡同、吉市口胡同、

胡同内参天的古树

永祥胡同等等。另外还有富于浪漫色彩的
胡同名称，如"百花深处"等。

11. 以衙署官方机构命名

如禄米仓、惜薪司、西什库、按院胡同、
府学胡同、贡院胡同、兵马司等，以皇亲
国戚、达官贵族的官衔命名的胡同，如永
康侯胡同、武定侯胡同、三保老爹胡同、
吴良大人胡同等。

12. 以市场贸易命名

如鲜鱼口、骡马市、缸瓦市、羊市、猪市、米市、煤市、珠宝市等。

13. 以寺庙命名

如隆福寺街、大佛寺街、宝禅寺街、护国寺街、正觉寺胡同、观音寺胡同、方居寺胡同等。

（二）北京街道、胡同名称的变革

北京胡同的名称变化很大，从时代来看，明清两代北京社会情况和城市建制基本相

护国寺大街

胡同

胡同内的小店

同，胡同名称改变并不太大。一般多是音转，例如总布胡同称总铺胡同；罗锅巷称罗鼓巷等。到了清末民初以至解放前，北京社会情况有了巨大变化，街道、胡同的名称有了较大的变革。一种情况是，有的胡同名称确实粗俗不雅，为人们厌恶，遂采用谐音字代替，或换以近音字变更。如粪厂胡同改名奋章胡同，裤裆胡同改名库藏胡同，臭皮胡同改名受壁胡同，屎壳郎胡同改名时刻亮胡同等等。一种情况是，随社会制度和行政机构的变化，胡同名称也随着改变，例如清代石驸马大街，因民

北京东绒线胡同一景

国后把这个胡同内的原礼部旧址作为当时的教育部，遂改名为教育部街。到了"七七"事变前，国民党统治时期把北京市党部设在原教育部旧址，又把这条街改名为市党部街。到了日伪时期，又在旧市党部旧址设立教育总署，遂又恢复了教育部街的旧名。解放后又改为教育街。又如前门里原有刑部街，民国后改为司法部街，到国民党统治时期又改为省党部街。此外还有一种情况，即有些达官显贵，当权之际，想要扬名自己，而把自己住地名称换以文雅、吉祥的称号。如北洋军阀段祺瑞把他居住的鸡罩胡同改为吉兆胡同；东北大军阀万福麟把他住的馓子胡同改名槐里等等。

北京城内街道名称的变革，从清末辛亥革命到新中国成立以来，其间有过以下几个时期变更较大：

1.民国初期，由于辛亥革命的影响，社会上改良风气大盛，城市街道、胡同名称也随着起了变化。如前面所说的将粗野不雅改为雅善悦耳，例如驴市胡同改为礼士胡同、驴肉胡同改为礼路胡同、追贼胡同改为垂则胡同、大臣苍改为大陈线胡同。还有因政府机构的设立而把街名改变的，如勾栏胡同改为民政部街等等。

胡同里最方便的交通工具就是自行车

胡同命名

2.1929 年北伐以后，国民党统治北京，把北京改为北平。这次改革是在以前改革的基础上对重名或易混的胡同名加以改变。北京的胡同的命名，最初多系居民自发的，因此无统一的规划，遂重名较多。例如扁担胡同就有十四处，箭杆胡同有八处。据统计，城区两处以上重名的胡同竟有六百多条。如

在胡同间往来穿梭的人们

胡同

历尽沧桑的胡同老宅

狗尾巴胡同内外城有三个，分别改为高博胡同、高谊胡同、高义胡同。又如东官房、中官房、西官房都在厂桥西，黄城根路北。三个胡同相临易于混淆，于是改西官房为五福里，中官房为福寿里，只东官房保留原名。另外还有一种情况，把原来的以衙署命名的胡同，用借言或谐音改为新名，如定府大街改为定阜大街；内府库改为纳福胡同；内宫监改为内恭俭胡同；宗人府改为孔德东西巷；赃罚库改为永祥里等等。

3. 解放后，由于城市规模变动较大，街道、胡同名称也多次变更，1964年前后，北京市公安局为了便于群众识别，决定在各重要街道设置路标，并在各胡同设胡同牌。因此对北京街道、胡同的历史、

老胡同街景

沿革及现状作了调查，并进行了街道、胡同名称的调整。当时统计，北京城内街道、胡同有四千多条，其中有 40% 都有所变更。当时城内以寺庙命名的胡同很多，除个别的保留原名外，多数都把寺字取消，例如净土寺胡同改为净土胡同，兴化寺街改为兴华胡同，宝禅寺街改为宝产胡同，延寿寺街改为延寿胡同等等。

有的把原胡同名取消，代以新名，例如

东城交道口南的寿比胡同、菊儿胡同、后圆恩寺胡同、前园恩寺胡同、秦老胡同、北兵马司胡同、东棉花胡同、板厂胡同、炒豆胡同等九条胡同，改为交道口南头条至九条。孙中山先生在铁狮子胡同住过，铁狮子胡同已有几百年历史，住过不少名人，有北洋政府时代的执政府，发生过震惊中外的"三·一八"惨案，是一条有历史意义的胡同。

北京新、旧胡同名称的变革

旧胡同名 新胡同名

安成家胡同　　　　安成胡同

"吞口儿"老巷一角

胡同命名

雪后胡同街景

胡同

老胡同如今又有了
新的内容

宝子胡同	包头胡同
八角胡同	东八角胡同
柏兴胡同	博兴胡同
豹花胡同	报房胡同
扁担胡同	平安胡同
草场胡同	后椅子胡同
叉手胡同	抄手胡同

胡同命名

背阴胡同	惜阴胡同
菜帮胡同	白庙胡同
草厂胡同	草园胡同
车子胡同	跨车胡同

胡同旧宅

胡同

神仙胡同　　　菜市口胡同

大吉祥胡同　　小珠帘胡同

大井胡同　　　天景胡同

大牌坊胡同　　北牌坊胡同

席儿胡同　　　大席胡同

人们的生活与胡同密切相联

胡同命名

椿树胡同	育树胡同
大李纱帽胡同	大力胡同
烟筒胡同	大通胡同
当铺胡同	东手帕胡同
东井儿胡同	东胜胡同
斗鸡坑	棉花胡同

大江胡同尽头的民居

胡同

豆芽菜胡同	民强胡同
倒钞胡同	宝钞胡同
钓儿胡同	东镇江胡同
豆须胡同	豆嘴胡同
段家胡同	滨海胡同
豆腐巷	丰收胡同
缎库前巷	缎库胡同
耳朵眼胡同	小六部口胡同
丰盛胡同	丰富胡同
狗尾巴胡同	锦帽胡同
姑姑寺胡同	永恒胡同
干井儿胡同	甘井胡同
干鱼胡同	甘雨胡同
更生胡同	粉厂胡同
菜园六条	红园胡同
灌肠胡同	北官场胡同
亨儿胡同	东厅胡同
后百户庙	后百户胡同
棺材胡同	光彩胡同
广兴园大院	广兴胡同
国强胡同	中国强胡同
韩家潭	韩家胡同
黑虎胡同	大黑虎胡同
红门	西红门胡同

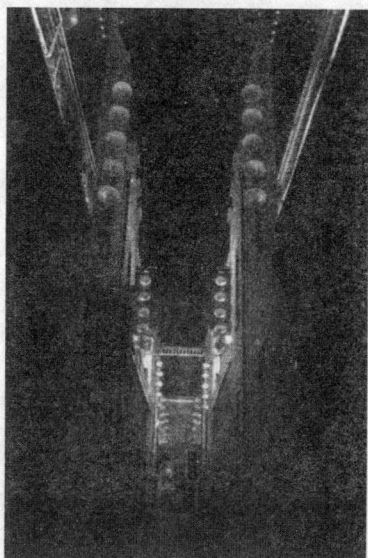

胡同夜景

胡同命名

井儿胡同	后小井胡同
后墨河胡同	墨河胡同
后桃园	东桃园胡同
花园胡同	富强胡同
花枝胡同	小席胡同
回回营	东安福胡同

胡同里生活惬意的人们

胡同

胡同内静静的街道

火药局	火药局胡同
酱房大院	后马厂胡同
教子胡同	轿子胡同
火神庙胡同	春雨胡同
贾哥胡同	贾家胡同
槐树大院	中槐胡同
金家大院	金奖胡同
九间房	七井胡同
坑眼井	柳树胡同

胡同内的绿色植物是红
砖墙的绝佳映衬

口袋胡同　　　　　　敬胜胡同

裤子胡同　　　　　　库资胡同

乐家胡同　　　　　　同乐胡同

胡同

口袋胡同　　　　阔带胡同

苦水井　　　　　水井胡同

金帽儿胡同　　　巾帽胡同

娘娘庙　　　　　月光胡同

胡同人家

胡同命名

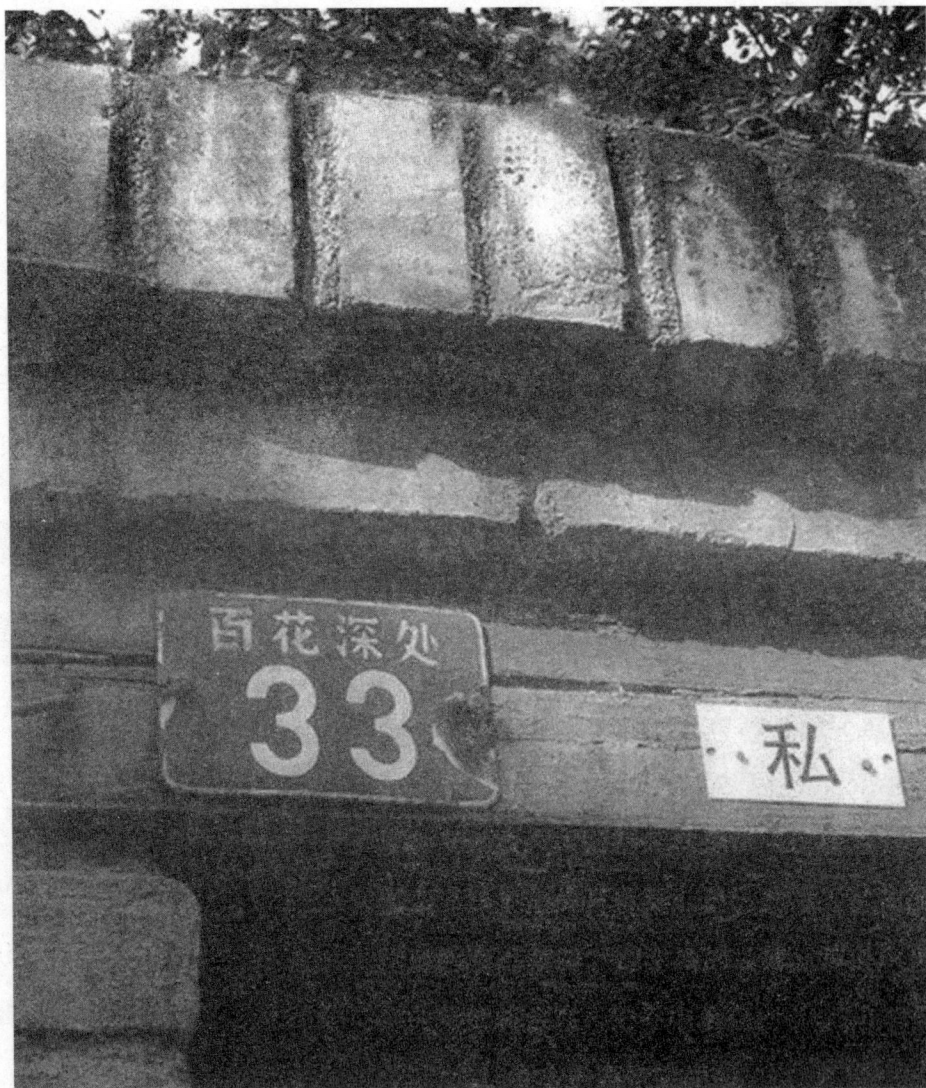

"百花深处"，这个胡
同名字起得很浪漫

罗家大院 　　　　罗家胡同

柳树井 　　　　柳树胡同

胡同

六、特色胡同

（一）八大胡同

老北京是由胡同组成的，胡同是北京的精髓。胡同里的景观数不胜数，胡同里的行当也是行行都有，而妓院和娼妓也是过去老北京胡同里的主要"景观"和"角色"之一，其中以前门外的"八大胡同"最为著名。

据20世纪30年代末的一份资料统计，当时"八大胡同"入册登记准予营业的妓院达117家，妓女有750多人，这只是正式"挂牌"的，还不算"野妓"和"暗娼"。

老北京的妓女分为"南班"与"北班"两种，一般来说，"南班"的妓女主要是江南一带的女子，档次高一些，不但有色，而且有才。这样的妓女陪的多是达官显贵，如京城名妓赛金花、小凤仙等；"北班"的妓女以黄河以北地区的女子为主，相貌好，但文化素养差一些。"八大胡同"的妓女以"南班"居多，故多为一二等妓院。而其他地区的妓院，大多数是"北班"。当时在京城做官和经商的人多是南方人，因此，"八大胡同"成为这些达官贵人经常出入的地界。在清朝末年北京民间曾经流传一首顺口溜暗指这八条胡同：

胡同里生活的人家

胡同

八大胡同自古名

胡同是老北京的精髓

陕西百顺石头城（陕西巷、百顺胡同、石头胡同）

韩家潭畔弦歌杂（韩家潭）

王广斜街灯火明（王广福斜街）

万佛寺前车辐辏（万佛寺系一小横巷）

二条营外路纵横（大外廊营、小外廊营）

貂裘豪客知多少

簇簇胭脂坡上行（胭脂胡同）

关于"八大胡同"，历来说法不一，旧时那里是被侮辱的妇女含泪卖笑卖身的地方，也是官僚政客、公子王孙的销金取

特色胡同

百顺胡同

悦之窟。"八大胡同"由西往东依次为：百顺胡同、胭脂胡同、韩家潭、陕西巷、石头胡同、王广福斜街、朱家胡同、李纱帽胡同。其实，老北京人所说的"八大胡同"，并不专指这八条街巷，而是泛指前门外大栅栏一带，因为在这八条街巷之外的胡同里，还分布着近百家大小妓院。只不过当年，这八条胡同的妓院妓女的"档次"也比较高，所以才如此知名。传说连乾隆、同治和光绪皇帝还私下到这里来过。他们今天去这条胡同，明天去那条胡同，在胡同里逛来逛去，串来串去，寻花问柳，日子长了，老北京人便把那些经常到胡同妓院里嫖娼的人，先说成是"逛窑子"，后来就含蓄地说成是"逛胡同"或"串胡同"的了。再往后其意逐渐引申，把那些作风不正派、不正经而在胡同里闲逛的人也说成是"逛胡同"或"串胡同"的。

"八大胡同"的档次不尽相同，百顺胡同、陕西巷、胭脂胡同、韩家潭多为一等，一等妓院也叫"清吟小班"，此等烟花女子擅长琴棋书画，吟诗作对，其秋波明媚，釐笑情深之态，往往令名流士绅、权贵富商趋之若鹜，位于韩家潭胡同里的庆元春，即是当时著名的清吟小班。出入"清吟小班"的嫖

西壁营胡同

客多为有权势的人，当然也有文人墨客。

石头胡同的妓院多为二等，二等妓院也叫"茶室"。茶室亦属于较为高尚的风化场所，室内的装饰、雕花艳染颇为讲究。至今从朱茅胡同的聚宝茶室、朱家胡同的临春楼及福顺茶舍，仍可看出当时茶室的华丽和精致。当时茶室这一等级的莺莺燕燕，其擅画精唱之艺，虽然不及小班艺女素质之高，但仍不乏年轻貌美、识文尚艺之质。

王广福斜街、朱家胡同、李纱帽胡同以三等妓院居多。一、二等妓院的名字以"院""馆""阁"为主，三、四等妓院多

石头胡同

以"室""班""楼""店""下处"命名。

　　谈论妓女，是比较敏感的话题。但在旧时代，将妓女也包括在三教九流的范围之内，与贩夫走卒无异。虽然唐宋的诗人与妓女的关系很密切，譬如擅长写"花间词"的柳永，但妓女的影子仍然很难登上大雅之堂，顶多属于"民间团体"罢了。到了元朝，取代柳永之地位的是关汉卿，他作为当红的词曲作家出没于勾栏瓦舍之间，与媚眼频抛的歌伎舞女们打情骂俏。

　　明朝的北京，导致吴三桂冲冠一怒的红颜——陈圆圆，就是"三陪女"出身，姓陈名沅，为太原故家女，善诗画，工琴曲，遭乱被掳，沦为玉峰歌伎，自树帜乐籍而后，艳名大著。凡买笑征歌之客，都唤她做沅姬。身价既高，凡侍一宴须五金，为度一曲者亦如之。走马王孙、坠鞭公子，趋之若鹜，大有车马盈门之势。即词人墨客，凡以诗词题赠沅姬的，亦更仆难数。后来，崇祯皇帝驾下西宫国丈田畹，以千金购之，将其包养起来。再后来，吴大将军去田府串门，一见圆圆，惊为天人。

韩家潭

明清两朝，皇帝都住在紫禁城里，妻妾成群。紫禁城俨然已成最大的"红灯区"。大红灯笼高高挂，只不过三千粉黛，都是为一个人服务的。明帝大多短命，想是太沉溺于女色的缘故。而清帝中，甚至出过觉得家花不如野花香、微服私访去逛窑子的人物。闹得最出格的是同治。他脱下龙袍换上布衣，让小太监扮作仆人，频频光顾八大胡同，跟上了瘾似的，结果染上梅毒，18岁暴卒。既误国又害了自己。好像这也是有传统的，更早的时候，宋徽宗就尝过去民间做嫖客的滋味。他迷恋东京名妓李师师，偷偷挖了一条地道通往妓院。

明末出了个陈圆圆，晚清出了个赛金

陕西胡同内的民居建筑

花。赛金花绝对属于"另类"。她生长于烟花巷陌，遇见大状元洪钧后，就从良了。虽然只是妾，却以夫人身份随洪钧出使德、俄、荷、奥四国，算是出过远门，见识了外面的花花世界。自海外归来，因洪钧早逝，家里断炊了，就重操旧业。1936 年，刘半农领着研究生商鸿逵访问人老珠黄的赛金花，由赛口述、商笔录，写了本《赛金花本事》。

民国后，袁世凯担任临时大总统，为八大胡同火上浇油。八大胡同曾是赛金花"重张艳帜"之处，但毕竟出了小凤仙那样真正的义妓。袁世凯复辟称帝期间，滇军首领蔡锷身陷虎穴，为摆脱监控，假装醉生梦死、

放荡不羁于八大胡同，因而结识了出淤泥而不染的小凤仙。小凤仙胆识过人，掩护卧薪尝胆的蔡将军躲避了盗国大贼的迫害。1916年，一个叫蔡松坡的人，也就是蔡锷，在云南举行了倒袁起义，打碎了袁世凯的迷梦。蔡锷的名字也因此永存于北海西北角的松坡图书馆。面对蔡锷的起义，袁世凯筹划已久的君主制度像黄粱美梦般破灭了，蔡锷为中国的民主制度立下了汗马功劳，其中似应有小凤仙的一份，多亏她助了一臂之力。古人常说英雄救美，可这回却是沦落风尘的美人救了落难的英雄。蔡锷在小凤仙处留宿时曾写道："不信美人终薄命，古来侠女出风尘。此地之凤毛麟角，其人如仙露明珠。"从这首嵌入凤仙名讳的题联中我们不难看出，出于八大胡同的小凤仙，她侠女的形象，在蔡锷心中所占的分量。有一部老电影叫《蔡锷与小凤仙》，就是表现这位红尘女子跟北伐名将的知音之情。

《顺天时报丛谈》一书中，有一段描写八大胡同的话，说得十分透彻，文中是这样写的：

百顺胡同最初曾设有太平会馆、晋太会馆。会馆后来改为民居，据说李文藻进京朝见乾隆皇帝时，曾在这条胡同住过。如今这条胡同的老房保存得相对完好，当年从胡同

百顺胡同 40 号的民居屋檐

胡同

百顺胡同36号是京剧创始人之一程长庚故居

西口依次排列的妓院有潇湘馆、美锦院、新凤院、凤鸣院、鑫雅阁、莳花馆、兰香班、松竹馆、泉香班、群芳院、美凤院等。百顺胡同34号的"四箴堂"是京剧老生前三杰之一程长庚的"堂号"。程长庚，谱名程闻檄，乳名长庚。祖籍安徽省潜山县河镇乡程家井，为程氏五十一代裔孙。清嘉庆十六年农历辛未十月初七日生人，道光年间入京，曾先后居住石头胡同和百顺胡同，寓所名"四箴堂"。同治、光绪年间曾掌三庆班，同仁尊称其"大老板"。工文武老生，能戏300余出，擅演《群英会》《华容道》《战太平》《捉放曹》等，他与

特色胡同

085

胭脂胡同原名胭脂巷

春台班余三胜、四喜班张二奎，为京剧第一代演员的三位老生杰出人才，虽比余、张享名较晚，但其威望极高，名列"三鼎甲"之首。

胭脂胡同原名胭脂巷，全长100米，宽约5米。胭脂胡同北口开在百顺胡同，南口开在两广路上。胡同呈南北方向，其中部有东壁营与西壁营从中穿过。现残存长仅有三四十米，胡同虽小，但常被列入八大胡同之中。在这几个胡同里胭脂胡同最短，但一等妓院有十多家。此地曾有店铺制售胭脂粉，主供"八大胡同"烟花女施用，故名胭脂胡同。据史载，这条胡同在咸丰年间就"香车络绎不绝，妓风大炽，呼酒唤客彻夜震耳"。

韩家胡同原名韩家潭，位于大栅栏地区西南部，东西走向，东起陕西巷，西至五道街，其西口与铁树斜街、堂子街、五道街汇合相通。全长360米，均宽5.7米。明代此处地势低洼，凉水河一条支流在此积水成潭，故名寒葭潭。清代因内阁学士韩元少在此居住，改称韩家潭。1965年改为现名。清康熙初年，戏剧评论家李渔寓居于此，建芥子园，后改为广州会馆。这条胡同还有浙江上虞会馆、梨园公会等。四大徽班进京，其中以程长庚、徐小香、卢胜奎、杨月楼为主的三庆

墙上挂着陕西巷的路牌，由此进入八大胡同区域

班就住在韩家潭，后有很多剧团和京剧名家也寓居于此，时有"人不辞路，虎不辞山，唱戏的不离百顺韩家潭"之说。现在的韩家胡同 21 号原为一家清吟小班。

陕西巷的北口是铁树斜街，南口是两广路。它位于大栅栏街道辖区南部，南北走向，北起铁树斜街，南至珠市口西大街。东、西两侧自北向南分别与榆树巷、陕西巷头条、万福巷、陕西巷二条、韩家胡同、百顺胡同、东壁营胡同相交。全长 389 米，宽 5.7 米。此巷明代已成街，属正南坊，称陕西巷，沿用至今。1965 年将陕西巷头条、裤角胡同、裤堆胡同并入，中段路东

特色胡同

陕西巷破败的房屋

的裤藏胡同改名为陕西巷头条，中段路西的小死胡同改名为陕西巷二条。据史料记载，陕西巷应该是众多一流妓院的所在。20世纪30年代初的时候，这里曾建有上等妓院十余家，现在赛金花所办妓院的房屋建筑和布局现在保存较好。赛金花住过的怡香院，现在是陕西巷宾馆，这栋小楼的外墙立面涂上了水泥，但圆窗洞仍在讲述着它过去的经历。这是一座二层小楼，内部红柱朱廊围成天井，整栋楼每个房间的门都面向中央，天井内还有一个带太湖石的水池，养着龟和鱼，旅馆环境别致，但人似乎不多。在赛金花之后，云吉班中又出了小凤仙，这两人都对中国的历史有所影响。小凤仙住过的云吉班现在是大杂院。二层小楼，前后两院，雕花房檐，但没有天井。

石头胡同，南口在西珠市口大街，北口在铁树斜街，清末曾设有望江会馆和龙岩会馆，是二等妓院的聚集区。这条胡同比较长，有24家二等妓院，有名的有茶华楼、三福班、四海班、贵喜院、桂音班、云良阁、金美客栈等。

王广福斜街，现在叫棕树斜街，东连大、小李纱帽胡同，西接石头胡同，这条胡同的房屋较为破旧。从前，这里集中了三等妓院，有名的有久香茶室、聚千院、贵香院、双金下处、全乐下处、月来店下处等。

朱家胡同，曾分为留守卫胡同和羊毛胡同，这条胡同有三等妓院20多家，有名的有怡春楼、陆生院、洪顺下处等。与朱家胡同相连的清风巷、清风夹道、朱茅胡同、燕家胡同、西羊茅胡同等，在老北京也是三等、四等妓院和土窑子的聚集地，不过没有"八大胡同"名气大。

李纱帽胡同，原来分为大李纱帽、小李纱帽两条胡同，现在已改为大力胡同和小力胡同。小李纱帽是"八大胡同"之一。

杂乱的院落早已看不出往日的格局

特色胡同

陕西巷 52 号云吉班
旧址，当年蔡锷和小
凤仙幽会的地方

这条胡同不大，总共有 21 个门牌号，但是在老北京，妓院就占了近 20 个院子。这里的妓院主要是三等，有名的有双凤楼、鑫美楼、永全院、天顺楼、泉生楼、连升店下处等。因这条胡同离一些戏园子和饭庄较近，所以也有几所二等妓院。

走进现在的"八大胡同"，从一些老屋老楼的建筑仍能体会到当年的风貌，昔日红粉飘香的烟花柳巷早已成为历史遗迹。值得庆幸的是，由于"八大胡同"老房太多，改造起来很困难，京城危房改造还没有涉足这里，所以在满街大兴土木的时候，它才能得以保留。斑斑点点的角落仍在老老实实地透露着它的秘密，八大胡同的沧桑岁月虽然与罪恶、堕落和烟毒有着如影随形的关系，但它却也见证了满清末年列强入侵的暴行和民国初年政权更迭的悲哀。

（二）砖塔胡同

胡同是北京的特色，也是北京文化的重要载体。胡同之称虽然始于大都，却只出现二十九条胡同，而且只有一条胡同有文字记载，其余的胡同则难以确指。这条胡同，就是砖塔胡同，是北京的胡同之根。从元、明、清、民国，到今天，都有文献可考，这在北京是孤例。

西四北大街砖塔胡同
历史悠久

关于砖塔胡同的古老，我们可以从元人杂剧《张生煮海》中找到佐证。《张生煮海》叙述了一个叫张生的年轻人与龙王女儿恋爱的故事。张生的书童问龙女的丫环住在什么地方，丫环说：你去兀那羊市角头砖塔儿胡同总铺门前来寻我。"羊市角头"，即羊角市，也就是今天的西四；"砖塔儿胡同"即今天砖塔北侧的胡同，称砖塔胡同，少了"儿"字。总铺是军巡铺的总称。军巡铺是防盗防火的哨所，设在坊巷之内。每隔三百多步，设一处军巡铺，有三至五名铺兵。若干军巡铺设一处总铺，如果硬译为现代的北京话，军巡铺相当于

砖塔胡同内的鲁迅
故居

治安岗亭，总铺相当于派出所。《张生煮海》里的丫环让书童到这个地方找她，对于大都时代的观众，或许会发出会心的一笑，今天的读者大多会觉得茫然，但是，对于居住在砖塔胡同里的居民来说，自然又会觉得亲切。

砖塔胡同的北侧是羊肉胡同，这条胡同在明代也已经出现，至今没有变化。在大都时代，在今天的阜成门内大街至西四一带分布着马市、羊市、牛市、驴骡市和骆驼市，统称为羊角市。今天的阜成门内大街与太平桥大街、赵登禹路相交的地方，旧时有桥称马市桥，或许便是元时的马市所在地。羊肉胡同与羊市，也应该有某种关系。这是远的历史，而在现代史上，有四位著名人物与这些胡同发生了关系。

1923年8月2日，鲁迅与周作人发生龃龉后迁居到砖塔胡同61号。在这里，鲁迅居住了近十个月。创作了小说《祝福》《在酒楼上》《幸福的家庭》和《肥皂》，并撰写了《中国小说史略》。

有意思的是，同样是在中国现代文学史中占有重要地位的作家张恨水也曾居住在砖塔胡同。1946年2月，张恨水从南京飞抵北平，筹备北平《新民晚报》，买下了一所有三十多间房子的大宅，正门在北沟沿，后门在砖塔胡同西口。1949 年 5 月张恨水突患脑溢血，不能写作了，失掉了经济来源，不得不卖掉北沟沿的大宅，迁到砖塔胡同 43 号一所小院，直至病故。1937 年 2 月，刘少奇随北方局的同志从天津转移到北京，居住在砖塔胡同南侧的南四眼井胡同 10 号，指导革命工作。在这里，刘少奇撰写了《关于过去白区工作给中央的一封信》。不久，迁到鲍家街。1964 年，郭沫若一度居住在大院胡同 9 号。在清代，9 号是多罗贝勒府。

张恨水故居

近年由于城市改造，丰盛胡同以南的胡同完全被拆光，其北的胡同也列入改造范围，而且，砖塔胡同的西部已经拆毁，这就令人担心砖塔胡同以及周围胡同的命运了。多年来流行一种说法，"文化搭台，经济唱戏"，这自然是难以辩驳的；但是，另一方面，挖掘文化底蕴，提升文化品质，增强文化发展力，同样也是不可辩驳的。同时，文化本身也是推动社会经济发展的生产力。砖塔胡同毫无疑义是北京的文化载体之一，承载了丰富的历史内涵与人文景观，是北京的独特文化优势。北京的街

阜成门内的白塔

巷之所以不同于其他城市，与砖塔胡同的存在是分不开的，值得格外珍视与爱护。砖塔胡同作为大都唯一有文字记载的胡同，是北京的胡同之根。

随着历史长河的流淌，大都时代的建筑，基本不存在了，屈指可数的，只有阜成门内的白塔、土城的残垣、隐藏在西四道路下面的排水道等等，都已经被列为文物。同样，砖塔胡同作为大都唯一有记载、有实体的胡同，作为大都的城市肌理，是否也应该列为文物呢？可惜，没有引起足够的重视，现在，砖塔胡同面临着被拆毁的命运，而且，西段已经被拆，仅余东段，也岌岌可危，无论如何难以令人接受。因为这是大都的胡同，是

胡同

北京的胡同之根，就此而言，在中国乃至世界也是孤例。

在北京西四路口的西南，矗立着一座灰色的砖塔，埋藏着一位僧人的骨骸。在北京旧城，今天的二环路以内，这是唯一与僧人有关的塔，该塔筑于元初，至今有七百多年的历史了。塔的主人万松行秀，是金元之际的高僧。万松老人本姓蔡，名行秀，河南洛阳人。15岁时在河北邢台的净土寺出家当了和尚，后来云游四方，在河北磁县的大明寺继承了雪岩满禅师所传的佛法，专攻禅学。以后又重返净土寺，建万松轩居其中，故自称"万松野老"，而世人则敬称其为"万松老人"。万松老人博学多才，精通佛学，讲经说法透彻警人。他来到燕京，其身处空门、志在天下的胸怀受到了当时金章宗的极大赞赏。后来元朝定都北京时，元世祖、重臣耶律楚材慕名而来，投身门下，参学三年。万松老人平时给世祖讲经说道，告诫他要以儒治国、以佛治心，切勿乱施暴政，祸国殃民。世祖深深地记住了这些话。每至闲来无事，万松老人常常席地而坐给世祖弹琴吟曲。三年后，世祖为了纪念这种师徒之

万松老人塔

情，将宫中承华殿的古筝和"悲风"乐谱赠给了万松老人。老人圆寂后，人们为他建了这座朴素别致的砖塔。紧靠砖塔北侧的街巷也随之得名为"砖塔胡同"。

此后，该塔渐渐无人问津，不知何年，有人倚塔造屋，外望如塔穿屋而出，再以后居住于此的人开起了酒食店。"豕肩挂塔檐，酒瓮环塔砌，刀砧钝，就塔砖砺，醉人倚而拍拍，歌呼漫骂，二百年不见香灯"。明万历三十四年，有一个叫乐庵的游僧，从南方游历至京城，当他看到这处于酒食店中的万松老人塔时，顿时醒悟，于是便募捐将此塔买下，大加翻修后，长居此中守护砖塔。乐庵死后，砖塔便草荣其顶，破旧不堪。清乾隆十八年，奉敕按照原来的规模重修。民国十六年在塔的北侧开了一个小门，门檐上书"元万松老人塔"。

胡同因塔得名，自身同样经历着历史的变迁。在元、明、清三代，砖塔胡同作为戏曲活动的中心，是北京城最热闹的地方之一。元代杂剧在京城非常流行，当时把演杂剧的戏院叫做"勾阑"。勾阑内有戏台、戏房、神楼和腰棚，大的勾阑可容纳数千人观戏。这时的砖塔胡同及附近的口袋底胡同、钱串

砖塔胡同因塔得名

胡同

胡同、玉带胡同有戏班、乐户和勾阑不下二三十家，终日锣鼓喧天。到了明代，在东城的本司胡同和演乐胡同等处设立了教坊司，专门管理音乐、戏曲等事务。这样，砖塔胡同一带便失去了往日的喧嚣热闹。清朝，砖塔胡同被当做神机营所辖右翼汉军排枪队的营地。但不久，这里又恢复了元代"歌吹之林"的面貌，再度成为曲家聚集的地方。1900年，八国联军入侵北京，这里的戏班、乐户纷纷逃回家乡，从此砖塔胡同渐渐变成了居民区，归于宁静。

胡同一角

特色胡同

银锭桥

（三）鸦儿胡同

鸦儿胡同属西城区什刹海街道，东南起自小石碑胡同，与烟袋斜街相连；西北至甘露胡同。鸦儿胡同是位于北京市西城区的一条很长的胡同，明朝时被称作广化寺街，清初时因胡同位于后海北沿，因而被称为"沿儿胡同"，随后又被讹传为鸭儿胡同，解放后北京市政府整顿胡同名时改鸭为鸦，称为鸦儿胡同。鸦儿胡同东头是北京城内最著名的一座石桥——银锭桥，整条鸦儿胡同沿着什刹海的北岸蜿蜒向西，与后海北沿平行，一直延伸到后海西沿的甘露胡同，胡同全长 820 米，是北京城中比较长的胡同之一。在全长近一公里的鸦儿胡同里分布着很多市区级文物保护单位和名人故居：如明代故刹广化寺；曾经是醇亲王府的宋庆龄故居；作家萧军的故居——"蜗蜗居"等。广化寺建于明万历年间，清咸丰年间重修，是旧京名刹之一，清末民初，政府在广化寺筹建京师图书馆，直到1917年图书馆才迁出广化寺，目前广化寺是北京市文物保护单位，北京市佛教协会办公地，经常组织佛教活动。

广化寺

依稀可见的老门牌"蜗蜗居"是作家萧军为自己在鸦儿胡同6号院的小楼取的名号，从1951年起直到去世，萧军在这座木构西式二层小楼里住了整整37年。在蜗蜗居里，萧军写出过长篇小说《五月的矿山》《吴越春秋史话》《第三代》以及书信集《鲁迅书简注释》《萧红书简注释》等数百万字的作品。目前萧军故居是北京市文物保护单位，但截至2005年初，这座二层小楼已经搬空，鸦儿胡同6号院的其他建筑也大多被拆除，据尚未搬迁的院内居民讲，这座小院已经被程思远之女买下，不久蜗蜗居就将被拆除，这所北京市文物保护单位未来的命运令人堪忧。

近年来，随着北京市西城区什刹海地

法源寺

区管委会对后海的整体商业开发，整个后海沿岸成为北京继三里屯酒吧街之后的第二大酒吧聚集区，鸦儿胡同因临湖而建，风景优美，因而很多房舍被改建为酒吧，华洋杂处，终日喧嚣，不再是当年静谧恬淡的景象了。

北京法源寺位于后海北岸的鸦儿胡同，是一座历史悠久的名刹。寺内花木幽雅，植有许多苍松翠柏、银杏丁香，其中有元代白皮松、清代文官果，更有乾隆种植的两株西府海棠。因此，法源寺素以丁香、海棠闻名，令许多名人流连觞咏。

法源寺占地6700平方米，建筑规模宏大、结构严谨，采用中轴对称格局，由南至北依次有山门、钟鼓楼、天王殿、大雄宝殿、悯忠台、净业堂、无量殿、大悲坛、藏经阁、大遍觉堂、东西廊庑等，共七进六院，布局严谨，宽阔庞大，是北京城内保存历史最为悠久的古寺庙建筑群。

法源寺建于唐太宗贞观十九年，是北京最古老的名刹，唐时为悯忠寺，清雍正时重修并改为今名，1965年在寺内成立中国佛学院、1980年又于寺内建立中国佛教图书文物馆，是中国佛教协会所属的宗教类博物馆。法源寺坐北朝南，形制严整宏伟，六院七进。

法源寺

主要建筑有天王殿，内供布袋和尚，两侧为四大天王。大雄殿，上有乾隆御书"法海真源"匾额，内供如来佛及文殊、普贤，两侧分列十八罗汉。观音阁，又称悯忠阁，陈列法源寺历史文物。净业堂，内供明代五方佛。大悲坛，现辟为历代佛经版本展室，陈列有唐以来各代藏经及多种文字经卷，蔚为大观。藏经楼，现为历代佛造像展室，陈列有自东汉到明清历代精品佛造像数十尊，且各具神韵，尤其是明代木雕佛涅槃像，长约10米，是北京市现存最大的卧佛。寺内花木繁多，初以海棠闻名，今以丁香著称，至今全寺丁香千百成林，

法源寺雪中香炉

花开时节，香飘数里，为京城绝景。现为市级重点文物保护单位和全国重点佛教寺院。中国佛教协会也驻寺内。

天王殿内正中供奉着明代制作的弥勒菩萨化身布袋和尚铜像，高 1.12 米，袒胸露怀，欢天喜地。弥勒佛背后是勇猛威严的护法神韦驮坐像，明代铜铸，高 1.70 米。两侧是明代铜铸四大天王像，十分珍贵，皆高 1.20 米。大雄宝殿正中供奉"华严三圣"，既毗卢遮那佛、文殊和普贤菩萨像。为明代制作，木胎贴金罩漆。正中的毗卢遮那佛端坐在须弥座上，像高 2 米，脑后背光，通高 3.97 米。文殊、普贤分立两旁，像高 2.14 米。这三尊塑像，妙像庄严、雕制精美，在明代塑像中可推上乘。大殿两侧为十八罗汉坐像，像高约 1.35 米，木胎贴金，为清朝制品。大殿中以南有两青石柱础，作卷叶莲瓣，估计是唐初建寺时原物，它的花纹与庙中佚失的唐开元十四年石幢的花纹是相近的。悯忠台一名"念佛台"，又称"观音殿"。台基高一米多，周围设以砖栏，殿堂建于台上。此殿结构独特，外墙以十二柱为架，室内以十二柱之称式样与故宫御花园万春亭相同。这里保存着法源寺的历代石刻、经幢等，以唐《无垢净

光宝塔颂》《悯忠寺藏舍利记》，辽代的《燕
京大悯忠寺菩萨地宫舍利函记》最为珍贵。
殿外山墙还嵌有清代翁方纲复制的唐"云
麾将军碑"残柱基，另有《法源八咏》及《心
经》等碑刻，是研究佛学和法源寺历史的
重要资料。净业堂前有一巨大石钵，双层
石座，周围雕海水花纹和山龙、海马及八
宝等形象，雕刻极为精美，几乎可与北海
团城的渎山大玉海媲美。净业堂内供奉一
尊明代铜制巨像毗卢佛像，高及屋顶（4.58
米），共三层，下层为千叶莲瓣巨座，每
一瓣上镂一佛像；中层为四方佛向东、西、
南、北；最上层为毗卢佛。法源寺西南角
原有无垢净光宝塔。塔建于唐至德二年，

法源寺铁鼎置于天
王殿前甬道中部

法源寺一景

砖结构，高3.3米左右。辽清宁三年大地震时倒塌，室内尚存唐至德二年张不矜撰、苏灵光书的《无垢净光宝塔颂》碑，原嵌在塔的墙壁上，碑高1.20米，宽0.73米。碑文全文为"御史大夫史思明奉为大唐光天大圣文武孝感皇帝敬无垢净光宝塔颂"。我国古代的碑文，都是从右至左书写，而此碑却是从左至右的，在我国古代仅有一例。

大悲坛是一座佛教文物宫殿，这里陈列着历代佛像、石刻及艺术珍品：有中国最早的佛像——东汉时期的陶佛坐像，有东吴时期的陶魂瓶，有北朝石造像、唐石佛像、五代铁铸像、宋木雕罗汉、元铜铸观音、明木雕伏虎罗汉等，都是国家珍贵文物。另外还有不少各国赠送的经像文物。最后一进殿堂是藏经阁，大殿全部用青砖铺地，阁上供奉三大士像，为木胎干漆所制，是明代造像艺术精品。阁内珍藏明、清时期所刻藏经。1980年5月，日本国宝鉴真大师像回国巡展时，曾在这里供奉了七天，有16万信徒和群众前来瞻仰、观看。

解放后，这座千年古刹得到政府保护，曾多次拨款维修。1956年，中国佛学院在这里成立。1963年，亚洲11个国家和地区的佛教徒会议也在这里召开。1980 年，创办了"中国佛教图书文物馆"，使之成为佛教文化和佛学研究的中心之一。

　　中华人民共和国名誉主席宋庆龄的故居，位于北京西城区后海鸦儿胡同 46 号。这是一处典型的中国式庭院，走进故居，幽静的园内假山叠翠、花木成荫，清澈的湖水，曲折环绕。新中国成立后，党和政府原计划为宋庆龄同志在北京专门修建一座住宅，但她却以国事百废待兴，一再逊谢。最后在周总理的亲自过问下，才借此王府花园，葺旧更新。宋庆龄于 1963 年迁

北京宋庆龄故居

特色胡同

宋庆龄像

居于此，在这里工作、学习和生活了二十年，直至 1981 年 7 月 29 日溘然长逝。

园内原有古建筑为：前厅"濠梁乐趣"、后厅"畅襟斋"、侧厅"听鹂轩"、西厅"观花室"。抄手回廊南街"南楼"，北通东厅，东接王府宅院，回廊中间建有"恩波亭"。南湖对面的假山，错落有致，筑有"扇亭"和"听雨屋"。宋庆龄从青年时追随孙中山先生投身革命，直到生命的最后时刻。七十年来经历风风雨雨，这里的一切，再现了这位极不平凡的伟大女性的品德、情操和永不休止的追求。

1982 年 5 月 29 日经中央书记处批准，故居对外开放，至今已接待国内外游客近 350 万人次。人们在这里缅怀宋庆龄为新中国奋斗毕生的光辉业绩，追念她为人民鞠躬尽瘁的崇高精神。她崇高的品德、情操，光辉的业绩将会在人们心中永存！

（四）逝去的西裱褙胡同

西裱褙胡同是北京一条已经消失了的胡同。虽然这个地名沿用至今，但原来西裱褙胡同绝大部分建筑都已于 2004 年被拆毁，仅保留了极少的遗存。现在的西裱褙胡同位于北京市东城区长安街南侧，平行于长安街，

西裱褙胡同

隔长安街与全国妇联大楼相望。西裱褙胡同的名称早在清乾隆年间《京师街坊志稿》中就有所记载。究其缘由主要由于西裱褙胡同靠近贡院，有很多买卖字画的商号，兼带产生了很多专门装裱字画的裱褙行，久而久之，这条胡同就被称为裱褙胡同了。

目前，西裱褙胡同没有拆除的建筑除了北京日报社外，仅存 23 号院，这座院落是北京市文物保护单位"于谦祠"。于谦，钱塘人，永乐十九年中进士，宣德五年任兵部右侍郎，巡抚河南、山西二省。英宗朱祁镇 7 岁登上皇位，由于宠信宦官，致使宦官势力膨胀，天下不安。正统十三年，明朝边防吃紧，于谦奉命入京任兵部左侍郎。正统十四年，瓦剌部首领也先率部进犯大同，英宗下诏亲率五十万大军匆忙出征，在土木堡遭到也先的伏击，明军全军覆没。英宗之弟朱祁钰监国，召集群臣商议对策，但无人敢言战字，更有人倡议南逃，迁都南京。这时，于谦挺身而出，坚决主张以战退敌，得到朱祁钰的支持，于是领命抗击瓦剌。十月，瓦剌挟英宗进犯京师。于谦率领官兵二十二万，奋战五天五夜，击退了瓦剌军，"北京保卫战"大获全胜。

明朝灭亡后，于谦祠废毁。光绪年间重建于谦祠，东院内有奎光楼，为两层小楼，

于谦祠在东城区西裱褙胡同 23 号

修葺一新的于谦祠大门

上为魁星阁，挂有"热血千秋"的匾额。1890 年，义和团曾在祠内设立神坛。"千锤万凿出深山，烈火焚烧若等闲；粉骨碎身浑不怕，要留清白在人间"。这是于谦的《咏石灰》诗，也是其一生的真实写照。

2003 年夏季开始，大批建筑工人进驻于谦祠，开始了对于谦祠的整修，不久，于谦祠周围的建筑被拆除。现在，从东单到北京站口的长安街路边高楼林立，重新修葺的于谦祠已基本完工。于谦祠坐北朝南，朱红的大门直对着两层的奎光楼，在左边的正院，由过堂与二进院相连，最后一排是五间的正房，院内，粗大的枣树、

特色胡同

109

柿子树依旧在寒风中傲然挺立，见证着岁月的沧桑。

梅兰芳造访齐如山，曾在裱褙胡同的齐家学种牵牛花，电影《梅兰芳》的热映，使梅兰芳的经纪人齐如山为很多观众所知晓。齐如山比梅兰芳年长17岁，是中国近现代京剧史上卓有建树的戏剧理论家、剧作家、导演。齐如山早年赴欧，对西方戏剧颇有研究。自1915年起，齐如山作为梅兰芳的专职编剧、导演、演出策划人，参与并见证了梅兰芳由一个青年旦角演员成长为一位享有国际声誉的京剧大师的全过程。

齐如山1903年搬入裱褙胡同，直到

梅兰芳故居

胡同

1948年离开北平，在这条胡同生活了四十五年。他曾在回忆录中这样描绘过在抗日战争期间，自己在日寇铁蹄下"蜗居"在裱褙胡同里的日子：东单牌楼裱褙胡同舍下之房，南北短而东西宽，共四个院。最东边一院，为客厅院，客厅为三间北屋，我就住在里边，把门一锁，到晚间无客来之时，方与家人相见。白天偶遇阴雨，客人来得当然少，也偶尔在廊下或院中散散步，可以换换空气，然仍嘱咐家中，倘有人叫门，必须先来告诉我，然后再开。如是者大门不出，二门不迈，过了八年之久，虽夜间也没有在大门口望过一次，这可以

护国寺街的梅兰芳故居

特色胡同

梅兰芳雕像

算一种很特别的生活。

　　齐如山究竟住在裱褙胡同几号院，现在已无从考证。但梅兰芳肯定是他家的常客。据说有一年夏天，也就是梅先生 22 岁那年，一日，梅兰芳来齐如山家串门，一下子就被齐家院中的牵牛花迷住了。齐如山先生见梅兰芳对牵牛花如此有兴致，就向他聊开了此花的好处，说它娇艳妩媚，每天最早吹响破晓的小喇叭，是真正的勤劳使者。梅兰芳颇有感慨，他想，自己每日晨起练功，终日不辍，不正像牵牛花的精神吗？于是，他也在自己的家里种了很多牵牛花，而且种到了上百株，还培育出了许多名贵品种。

　　不过，西裱褙胡同之所以能被人们所熟悉，还因为位于胡同中间路南的一个大院，这就是门牌为 34 号的北京日报社。其实，老北京的地名很多都是人们慢慢叫起来的，干什么的人多，那地方一般就叫什么名字，裱褙胡同也是如此。明清时期，来自全国各地的考生都要到贡院赶考，而裱褙胡同正好在贡院的南边。当时，胡同内的裱糊店一家挨着一家，裱褙胡同遂因此得名。20 世纪 90 年代，随着长安街的拓宽，西裱褙胡同连同洋溢胡同和官帽胡同逐渐消失，都成了东长安街的宽阔马路。

裱褙胡同内的建筑砖雕

特色胡同

古巷街景

（五）玉钵胡同

中南海墙外，有条小胡同，名叫"玉钵胡同"。玉钵胡同名源于玉钵庵，玉钵庵的得名又因为庵里曾有过一尊玉钵。玉钵的正式名称应该是渎山大玉海，为元朝忽必烈时制成，是盛酒用的器皿。玉海由一块巨大的墨玉雕琢而成，玉色漂亮，黑墨色中夹杂有白色条纹。镂工精巧，外壁琢有山龙海马、云容水态，为世间罕见。渎山大玉海原本是宫廷之物，曾摆放于琼华岛上广寒殿里的小玉殿内。小玉殿是忽必烈与群臣宴饮的地方，正面设有金嵌玉尼御榻，两边是群臣坐床，这尊举世无双的大玉海就放置在正前方、君臣的鼻子跟前，所处环境十分尊贵。

不幸的是，在战乱中，这尊贮酒玉海流落到民间真武庙中，道士们不知其来历和价值，只看出是个玉的，随口称为"玉钵"，很不经意地把它放在殿前露天中。由于沐浴日月精华，历经大自然中风的吹拂和雨水的润泽，它反而愈发斑斓光彩，夺人眼目了。于是常有文人墨客结伴专程来访，欣赏美玉华泽，感叹良玉的敝境遇。

有位名叫性福的和尚，在真武庙住了26年，眼见寺庙日渐不堪，决心重整旗鼓，再

造寺庙。他靠化缘行乞积累砖瓦木料，多年累积，到清康熙五十年开始动工。费时十年，重新建起了小庙，小庙有三间真武殿、配殿及前殿。性福想起了这尊价值连城的珍宝，庙建好以后，将它移到前殿观音大士座前，叠石为小山，贮水于玉钵，营造起一个普陀南海的袖珍意境，稀世珍宝得到一定程度保护。

　　玉钵得到关怀，庙宇也受到重视。因为庙里有这么一尊引人瞩目的玉钵，真武庙便被称为玉钵庵。到清乾隆十年，玉海终于被乾隆皇帝发现。乾隆"命以千金易

蜿蜒曲折的道路为胡同
增添了几分神秘

雪后旧宅

之"，花了 1000 两白银把玉海赎买到自己手中。眼见过无数奇珍异宝的乾隆，看出这是一件旷世之宝，就把它置放到北海团城的承光殿前，特建立了一个小石亭覆盖在玉钵之上。此外他还把自己的一首《御制玉瓮歌》命人镌刻在瓮体上。这样，这尊渎山大玉海又回到它所应得到的高贵位置上。乾隆在歌序中，介绍了玉钵回归的过程。玉钵在，玉钵庵还在，为了不使庵空负其名，三年之后，又一次重修玉钵庵时，庙里又仿制了一座石钵，来代替玉钵，保持玉钵庵的庙名。玉钵庵目前已湮灭在历史尘埃中，只留下这条玉钵胡同和北海团城上的那尊璀璨夺目的渎山大玉海。一个小庙，一条平展的小胡同，一尊皇宫内珍宝就这样被历史的变迁联系到了一起。

（六）善果胡同善果寺

广安门内大街路北有一条三义街，三义街里有条小巷叫善果胡同。这个小胡同名也是因为胡同里有个庙，庙的名称叫善果寺而来的。

善果寺是北京城当年著名的外八庙之一，它创建的历史非常久远，是在后梁的乾化元年，初名唐安寺。这时中国正处于大动荡的五代十国时期，此后经历由分裂到国家统一，到明代天顺八年（1464年）春天。这时的这座唐安寺已面目全非，仅存有基址了。说来也巧，宫廷尚膳监有位太监名叫陶荣，忽然对这块庙基产生了浓厚的兴趣。自掏腰包创建起这座大庙。庙建成后，陶荣恭请英宗朱祁镇为新庙赏赐个新名称。这位第二次登基重坐龙廷的皇帝便给庙取名作"善果寺"。从此，北京城的荒凉野旷的南城就有了一座带"善"字的庙宇。

善果寺，恢弘壮丽、气势不凡。寺前有放生池，上架石桥。进山门后依次为天王殿、大雄宝殿、大士殿、大法堂，最后

善果寺旧址

为藏经阁。另外还有东西配殿、配房60余间及钟鼓二楼。东西配殿内，有泥塑大山，形态各异的五百罗汉坐卧其间，古刹、亭阁、宝塔、假山花木点缀各处，颇具仙境气氛。山上还布满了按照《山海经》《万鸟图》等神话传说塑造的各种珍禽异兽。当年，它与北海小西天、朝外九天宫，并称为"北京泥塑三绝"。此外，大雄宝殿内，姿态逼真的十八罗汉塑像、藏经阁内的四十二臂观世音像，都是塑造艺术中的精品。

清康熙元年重修、康熙十一年二月又重修，使寺院的规模更加宏伟。康熙十八年京师大地震，善果寺受到严重破坏，后于康熙

宣武艺园原为善果寺

老宅旧井

二十一年修复，并撤塔院，在旧址改建大法堂。乾隆四十年再次重修。

早年，每逢旧历六月初六有"晾经会"。是日，僧众要举行礼佛、诵经仪式，所以又称为"晾经法会"。如天气晴朗，僧众们就把所有经典从藏经楼搬出，一一平铺在院里的条案上，将经书打开，用经拨子支起使之通风见光，以便防蠹。所有袈裟、僧衣亦搭挂在院内一并晾晒。后来经书佚散减少，至晚清时已无经可晾，仅循旧例开放一天而已。

当时城南的居民每到旧历六月初六这天，除了去护城河看洗象外，就是到善果

善果寺流传着关于仙蝶的美丽传说

寺看晾经，故庙前形成临时集市，有舍经书、"善书"的，有舍"冰水"、暑药的，有售卖香烛及各种吉祥物的。"士女云集，骈阗竟日"。但进庙烧香参观者仅限男人，不接待妇女入庙。

早年间，善果寺还流传着一段神秘的传说。从前，寺内曾隐居有两只仙蝶，在清明至中秋之间，每当夕阳西下的时候，仙蝶便翩翩起舞，满院飞舞，并不避人。如果游人以手招呼，口喊"老道"，仙蝶立即闻声飞来，随手起落飞舞，情意缠绵，不忍离去。人们附会它是梁山伯与祝英台的化身。据说在民国年间，寺内还保存有清乾隆帝的序文和御制诗文的仿宋版《蝶仙小史》一册，后被人借去未还，下落不明。

光绪二十六年（1900年）夏，八国联军入侵北京，寺院遭到严重破坏，佛像、文物尽被侵略军捣毁、掠去，无一幸存。民国时，善果寺已颓废败落。1949年以后，这一带进行大规模城市建设，善果寺被征用，僧人四散。1993年山门也被拆掉，旧址上建造了居民住宅楼。至此，名刹善果寺已荡然无存，除了前边一条被命名为善果胡同的地名外，别无遗迹可觅。